Michael Heinen-Anders

Nicht das CO_2 ist dafür verantwortlich, daß dem Menschen eine Klimakatastrophe droht

ISBN 9783758382840

Herstellung und Verlag: BoD – Books on Demand, Norderstedt

Inhaltsverzeichnis

Nicht das CO 2 ist dafür verantwortlich, daß dem Menschen eine Klimakatastrophe droht

Als globale Erwärmung bezeichnet man den Anstieg der Durchschnittstemperatur der erdnahen Atmosphäre und der Meere seit der Industrialisierung in den letzten 150 Jahren. Der berechnete Erwärmungstrend über die letzten 50 Jahre (1956 bis 2005) in Höhe von 0,13 °C ± 0,03 °C pro Jahrzehnt ist fast zweimal so groß wie derjenige über die letzten 100 Jahre (1906 bis 2005) in Höhe von vs. 0,07 °C ± 0,02 °C pro Jahrzehnt. Dieser Prozess verläuft erheblich schneller als alle bisher bekannten Erwärmungsphasen der jüngeren Erdgeschichte, das heißt während des 66 Millionen Jahre umfassenden Känozoikums (Erdneuzeit). So erwärmte sich die Erde beim Übergang von Eiszeit in eine Zwischeneiszeit binnen ca. 10.000 Jahren etwa um 4 bis 5 °C. Bei der menschengemachten globalen Erwärmung wird jedoch eine Temperaturerhöhung von 4 bis 5 °C binnen 100 Jahren erwartet; die Erwärmungsgeschwindigkeit ist also etwa 100 mal größer als bei historischen natürlichen Klimaveränderungen.

2016 war das wärmste Jahr seit Beginn der systematischen Messungen im Jahr 1880. Es war ca. 1,1 °C wärmer als in vorindustrieller Zeit und mit großer Wahrscheinlichkeit das wärmste Jahr seit dem Ende der Eem-Warmzeit vor 115.000 Jahren. 16 der 17 wärmsten jemals gemessenen Jahre traten im 21. Jahrhundert auf, die vier wärmsten Jahre waren in absteigender Reihenfolge 2016, 2017, 2015 und 2014.

Im Gegensatz zum Wetter, das kurzfristig-aktuelle Zustände der Atmosphäre beschreibt, werden hinsichtlich des Klimas Mittelwerte über längere Zeiträume erhoben. Üblicherweise werden dabei Normalperioden von jeweils 30 Jahren betrachtet. Oft werden die Bezeichnungen „Klimawandel" und „globale Erwärmung" synonym verwendet, obwohl die Gleichsetzung missverständlich ist: Der natürliche

Klimawandel wird mittlerweile vom anthropogenen (menschengemachten) Einfluss deutlich überlagert. Der IPCC schreibt in seinem 2013 erschienenen fünften Sachstandsbericht, dass es extrem wahrscheinlich ist, dass die Menschen mehr als 50 % der 1951–2010 beobachteten Erwärmung verursacht haben. Nach der besten Schätzung stimmt der menschliche Einfluss auf die Erwärmung in etwa mit der insgesamt beobachteten Erwärmung während dieses Zeitraums überein.

"Es ist ein Hinunterbewegen des Menschen von dem Himmlischen zu dem Irdischen, bis der Mensch ganz auf der Erde ist. Aber wie ist es mit dem Menschen? Ja, es ist so, wie wenn die Erde für den Menschen ein Spiegel wäre. Der Mensch soll nicht bloß bis unter die

Erde hineinwachsen. Die Gedanken in ihrem toten Elemente dringen in die Erde hinein, begreifen das Tote, das nur dem Erdenelemente angehört. Aber der Mensch selbst ist so, daß er, wenn er seine Gedanken belebt, sie wie Spiegelbilder hinaussendet in den Kosmos. So daß alles, was an lebendigen Gedanken in dem Menschen entsteht, dasjenige ist, was die Götter zurückglänzen sehen von dem sich entwickelnden Menschen. Der Mensch wird aufgerufen zum Mitschöpfer am Weltenall, indem ihm zugemutet wird, daß er seine Gedanken belebt. Denn diese Gedanken spiegeln sich an der Erde und gehen wiederum in das Weltenall hinaus, müssen den Weg wiederum nehmen in das Weltenall hinaus. Daher ist es ja so, wenn wir den ganzen Sinn der Menschen- und Weltenentwickelung in uns

aufnehmen, daß wir schon fühlen: In einer
Art kommen wir wiederum zu den
Epochen zurück, die durchgemacht
worden sind. In der ägyptisch-
chaldäischen Zeit hat man gerechnet, wie
es mit dem Menschen ist auf der Erde;
man hat immerhin durch die Rechnung
den Menschen in Zusammenhang
gebracht mit der umliegenden
Sternenwelt. Heute machen wir es
historisch, indem wir vom Menschen
ausgehen, und der Mensch uns der
Ausgangspunkt wird für eine Betrachtung,
wie Sie sie angestellt finden in meiner
«Geheimwissenschaft», wo wir tatsächlich
die belebten menschlichen Gedanken
wiederum hinaussenden und achtgeben,
wie sie werden, wenn wir sie in der
kosmischen Umgebung als von uns
wegeilend verfolgen, wenn wir lernen, mit

den lebendigen Gedanken in den kosmischen Weiten zu leben. Das sind Zusammenhänge, die da zeigen, welche tiefe Bedeutung es hat, daß der Mensch zu toten Gedanken gekommen ist, daß er sozusagen in die Gefahr gekommen ist, ganz mit der Erde sich zu verbinden. Und verfolgen wir das Bild weiter. Gültige Imaginationen lassen sich weiter verfolgen. Nur ausgedachte Imaginationen lassen sich nicht weiter verfolgen. Denken Sie sich einmal, hier wäre ein Spiegel (es wird gezeichnet). Man sagt, er wirft das Licht zurück; die Ausdrucksweise ist nicht ganz richtig, das Licht darf aber jedenfalls nicht hinter den Spiegel kommen. Wodurch nur allein kann das Licht hinter den Spiegel kommen? Dadurch, daß der Spiegel zerbrochen wird. Und in der Tat, wenn der Mensch seine Gedanken nicht belebt, wenn der Mensch stehenbleibt bei den bloß intellektualistischen, toten Gedanken, muß er die Erde zerbrechen. Das Zerbrechen beginnt allerdings bei dem dünnsten Elemente, bei der Wärme. Und im fünften nachatlantischen Zeitraum hat man nur die Gelegenheit, durch weiteres, immer weiteres Ausbilden der bloßen intellektualistischen Gedanken die Wärmeatmosphäre der Erde zu verderben." (Rudolf Steiner, GA 222, S. 121 - 122)

Für gewöhnlich wird in der allgemeinen Klimawandel-Debatte dem CO_2, dem Methan usw. die Schuld an dem menschengemachten Klimawandel gegeben.[1] Doch dies ist eine gewaltige Täuschung.

„Da die ‚Klimaexperten' nach Stephan Schneider unverändert die feste Absicht haben, sich einerseits die Politik als Geldbeschaffer gefügig zu machen und andererseits selbst Politik zu gestalten, müssen sie zur Lüge, besser zur des-informierenden Information als dem Mittel der Meinungs(ver)formung, greifen."[2]

---

[1] Vgl. z.B. Hartmut Graßl/Reiner Klingholz: Wir Klimamacher, Frankfurt a.M. 1990 und S. Rahmstorf/H.J. Schellnhuber: Der Klimawandel, München 2007, S. 38ff

[2] Wolfgang Thüne: Freispruch – für CO 2!, Wiesbaden 2002, S. 172

"Und in der Tat, wenn der Mensch seine Gedanken nicht belebt, wenn der Mensch stehenbleibt bei den bloß [materialistischen] intellektualistischen, toten Gedanken, muß er die Erde zerbrechen. Das Zerbrechen beginnt allerdings bei dem dünnsten Elemente, bei der Wärme. Und im fünften nachatlantischen Zeitraum [geht noch 1500 Jahre...] hat man nur die Gelegenheit, durch weiteres, immer weiteres Ausbilden der bloßen intellektualistischen Gedanken die Wärmeatmosphäre der Erde zu verderben. [...] Und der Mensch hat durchaus Gelegenheit, wenn er seine Gedanken nicht belebt und damit dem Kosmos dasjenige zurückgibt, was er vom Kosmos empfangen hat, die Erde zu zersplittern. (...) So hängt das, was im

Menschen seelisch ist, mit dem natürlichen Dasein zusammen. Und das bloß intellektualistische Wissen heute ist lediglich ein ahrimanisches Produkt, um den Menschen hinwegzutäuschen über diese Dinge. Indem man dem Menschen weismacht, daß seine Gedanken bloße Gedanken sind, die mit dem Weltgeschehen nichts zu tun haben, macht man ihm einen Nebel vor, als ob er keinen Einfluß haben könnte auf die Erdenentwickelung, und als ob ohne oder mit seinem Zutun einmal das Erdenende so oder so kommen wird, wie es eben die bloße Physik vorschreibt. Aber es wird nicht ein bloß physikalisches Erdenende kommen, sondern dasjenige Erdenende, das die Menschheit selber wird herbeigeführt haben." (Rudolf Steiner, GA 222, S. 122ff)

"Die Menschen unserer Zeit haben sich
unter dem Einfluß der materialistischen
Denkgewohnheiten entfernt von dem
Verstehen, wie das Geistige auch im
Materiellen wirkt. Sie glauben, daß
Materielles nur durch Materielles
gebessert werden kann. Und so sehen sie
nicht ein, daß jeder Versuch, Materielles
durch bloß Materielles zu bessern, weiter
in die Verwirrung hineinführen muß."
(Rudolf Steiner, GA 266/1, Seite 31f)

Die Zeitschrift "Jedermensch" widmete
dem Phänomen im Sommer 2019 ein
Schwerpunktheft.[3]

---

[3] Vgl. "Jedermensch" - Zeitung für soziale Dreigliederung, neue
Lebensformen, Umweltfragen. Sommer 2019, Nr. 691: Schwerpunkt
"Angriffe auf das Klima".

Auch die Zeitschrift "Info 3" war mit einer Schwerpunktnummer vertreten.[4]

Die Bedrohung durch den Klimawandel liegt offen vor uns, doch die entscheidenden Fakten sind großteils unbekannt.

Nicht das CO 2, noch andere Gase sind die Auslöser. Auslöser ist vielmehr unser abstraktes Denken. Helfen könnte eine Konzentration auf die wenig abstrakte Kunst, auf Lyrik etwa. Die Kunst der Sprachgestaltung und die Eurythmie etwa können uns aus dem Kreisen der immer gleichen Abstraktionen befreien.

Trotz anderer Schlüsse zum Thema deutet Stefan Ruf[5] auf ein entscheidendes

---

[4] Vgl. "Info 3" April 2019: Schwerpunkt "Die Erde fiebert".

Thema: Die Klimapsychologie, als Chance
ein neues Bewußtsein auszubilden.

Autobiographische Notiz:

Michael Heinen-Anders wurde am 25.02.1960 in Köln geboren. Er studierte an der Bergischen Universität Wuppertal Wirtschafts- und Sozialwissenschaften.

1989 schloss er das Studium als Diplom-Ökonom ab. Michael Heinen-Anders trat 1994 der Anthroposophischen Gesellschaft, Zweig Köln, bei. Seit 2012 ist er gleichfalls Mitglied der Freien Hochschule für Geisteswissenschaft.

Er veröffentlichte zahlreiche literarische, essayistische und wissenschaftliche Schriften, darunter „Aus anthroposophischen Zusammenhängen", BoD, Norderstedt 2010 und „Aus anthroposophischen Zusammenhängen Band II", BoD, Norderstedt 2018.

Michael Heinen-Anders lebt in Köln, ist geschieden und hat zwei erwachsene Töchter.